पुष्प अंजुरी

काव्य संग्रह

प्राकृतिक, सांस्कृतिक, सामाजिक एवं व्यंग्यात्मक कविताओं की सामयिक रोचक पुस्तक जिसे आप बार बार पढ़ना चाहेंगे।

नवनीत कुमार

"पुष्प अंजुरी"
2025

Published by:
Sh. Navneet Kumar

Printed by:
ZED PRINTS
91, Prasad Nagar, New Delhi-110005
9810149139

विषय सूची

भाग-4 हँसिकाएँ

नवनीत के गीत ......
"पुष्प अँजुरी" – एक आँकलन.

कवि कौन और कविता क्या है, यह सदा ही डिबेट का ऐसा विषय रहा है जिस पर बड़े बड़े विद्वानों की मान्यताओं और मतांतर पर बहुत कुछ लिखा–बोला गया है। मोटे तौर पर निष्कर्ष निकाला जाए तो कविता व्यक्ति के उद्गारों का बोली, भाषा व शब्दों में प्रस्फुटन है।

शिक्षा से विज्ञान के विद्यार्थी और व्यवसाय से कारपोरेट के साथ जुड़े नवनीत कुमार के लेखन क्षेत्र में, यह चेतना अचानक पिछले तीन चार साल पहले कुनकुनाई और अब वे अपनी रचनाओं का तीसरा संग्रह प्रकाशित कर रहे हैं।

इस संग्रह के लिए उन्होंने मुझे समीक्षा का सम्मान दिया। मैंने इसे बड़े गहन भाव से पढ़ा। मैंने पाया कि इसका संसार स्थानीय होते हुए भी एक ऐसा परिदृश्य समेटे हुए है कि पाठक को ऐसा लगता है कि वह किसी कस्बे या नगर की सड़कों से गुजरते हुए भिन्न भिन्न दृश्यों को भीतर तक देखता और महसूस करता चल रहा है। बीते युग की यादें और वर्तमान में उनके कहीं विलय हो जाने की टीस भी रचनाओं में साफ झलक रही है। राष्ट्रीय विषयों पर चुटकी लेता कवि, उनपर तीखा व्यंग्य करने से भी नहीं चूकता।

नवनीत के गीत दृश्य प्रधान हैं। इनमें एक गतिशीलता है। विचार और घटना का ऐसा तालमेल मिला जुला रहा है कि उसकी तुलना गुजरे जमाने की लोकप्रिय फिल्म "कटी पतंग" से कर लें तो पाएँगे कि घटना पर घटना में खोकर भी स्थितियों के बदलते मिज़ाज के मुताबिक़ हम किसी बीहड़ में नहीं खोते। नवनीत की शैली में भाषण तो ढूँढने पर भी नहीं मिलता। वो तो अपने सीखे को दूसरों से साझा करते हैं।

अंग्रेजी के एक महान कवि का कहना है कि, "it's not rhyming and versing that maketh a poet- " इस मायने में नवनीत की रचनाओं में गीत तत्व को न ढूँढ कर विचार और भाव को महत्वपूर्ण माना जा सकता है। संकलन में विषयों, पात्रों और घटनाओं की इतनी विविधता है कि उन्हें यहाँ न लिखकर पाठकों के लिए छोड़ देना ठीक लगता है। यह बात तय है कि हर आयु वर्ग के पाठकों के लिए कुछ न कुछ ऐसा जरूर है जो उन्हें अपने भी अनुभव अहसासों से जुड़ा हुआ लगेगा।

मैं अपने प्रति उनके सम्मान की क़द्र करता हूँ। आशा है कि पाठकों के हाथ में एक सुन्दर तस्वीरों वाला संग्रह आएगा।

महेन्द्र नाथ महर्षि
दूरदर्शन अपार्टमेंट, से. 45,
गुडगांव

दो शब्द

सरस्वती मां के आशीर्वाद से, निरंतर तीसरी ''बसंत पंचमी'' पर मेरी तीसरी पुस्तक ''पुष्प अंजुरी'' (काव्य संग्रह) का विमोचन, छोटी देवी स्वरूपा कन्याओं के कोमल कर–कमलों द्वारा होने जा रहा है। इस पुस्तक में कविताओं को पाठकों की रुचि को ध्यान में रखते हुए चार भागों में विभाजित किया गया है, जिसको जैसी रचनाएं रुचिकर लगें, पहले उसी भाग को खोलकर पढ़ना आरम्भ कर सकते हैं। मेरे पहले दो काव्य संग्रह, ''बासंती पल'' एवं ''केसर के फूल'' पाठकों द्वारा काफी सराहे गए हैं, जिन्होंने मुझे निरंतर हर संभव विषय पर लिखने के लिए प्रेरित किया है। प्रारंभ में प्राकृतिक एवं सांस्कृतिक सौंदर्य ने मुझे कुछ लिखने के लिए प्रेरित किया जिन्होंने स्वतः कविताओं का रूप ले लिया। पाठकों की प्रतिक्रिया के पश्चात सभी जीवंत विषयों पर कविताएं लिखनी आरम्भ कर दीं। अब विषय सीमित नहीं है, जो भी अच्छा लगता है, उस पर लिखता हूं, चाहे, जनचेतना हो या व्यंग्य।

मेरे लेखन कार्य को सर्वप्रथम सराहने और प्रेरित करने वाली मेरी अर्धांगिनी नीरू का निरंतर सहयोग मिलता है। मेरी सभी रचनाओं को सर्वप्रथम पढ़ने, सराहने और समालोचना करने वाली मेरी पत्नी ही है।

श्री महेंद्र नाथ महर्षि जो, दिल्ली दूरदर्शन में दीर्घकालिक सेवा से सेवानिवृत होने के साथ ही साहित्य प्रेमी हैं, मेरे एक छोटे से निवेदन पर मेरी पुस्तक ''पुष्प अंजुरी'' के लिए प्रस्तावना ''शुभेच्छा'' लिखने के लिए न केवल तैयार हो गए, बल्कि उन्होंने कहा कि उनकी पत्नी, श्रीमती मालती महर्षि भी साहित्यप्रेमी हैं और वो भी प्रस्तावना के साथ रचनाओं का सूक्ष्मता से अध्ययन एवं संशोधन करेंगी। इस महान कार्य के लिए मैं सदैव हृदय की गहराइयों से दोनों का आभारी रहूंगा।

अंग्रेजी एवं हिन्दी में बराबर की दक्षता रखने वाले मेरे स्कूल के अध्यापक एवं प्रतिष्ठित समाचार पत्रों के वरिष्ठ पत्रकार श्री वी पी गुप्ता जी, जिन्होंने मेरी प्रथम पुस्तक ''बासंती पल'' की प्रस्तावना भी लिखी, का मार्गदर्शन मुझे आज भी अनवरत प्राप्त होता है। गुरु का ऋण तो कभी नहीं चुकाया जा सकता, मैं हर जनम उनका आभारी रहूंगा।

हिंदी साहित्य जगत की सुप्रसिद्ध व्यक्तित्व, पूर्व प्रोफेसर, डॉ. दीप्ति गुप्ता, जो मानव संसाधन विकास मंत्रालय एवं अनेक विश्वविद्यालयों में अपनी सेवाएं दे

चुकी हैं और ''ग्रेट ग्लोबल वूमेन'' सम्मान से विभूषित हो चुकी हैं। जिन्होंने मेरी दूसरी पुस्तक ''केसर के फूल'' की ''शुभेच्छा'' भी लिखी है, का बहुत आभारी हूं। वो आज भी मेरा मार्गदर्शन करती हैं। सभी साहित्य प्रेमी जिन्होंने मेरे काव्य संग्रहों को अपनी स्वतंत्र प्रतिक्रियाओं से सामाजिक मंच पर सराहा, जिनमें श्री अशोक मधुप, वरिष्ठ पत्रकार, ''अमर उजाला'', श्री संजीव पालीवाल, ''साहित्य आज तक', श्री हेमंत कुमार, (इंजीनियर) प्रमुख हैं।

''Zed Prints'' प्रकाशन गृह के स्वामी श्री मनु मनोचा का मै विशेष आभार व्यक्त करता हूं जिन्होंने मेरी सभी तीन पुस्तकों की रचनाओं का हर वर्ष बड़े परिश्रम से संयोजन किया और पुस्तकें अंतिम रूप में तैयार करके प्रिंट कराईं। एक बार मनु ने मुझे बताया था कि उनकी पत्नी, श्रीमती पूनम मनोचा भी प्रूफ रीडिंग में मनु की सहायक होती हैं। मैं दोनों का हृदय से आभारी हूं। मुझे आशा है, उनका सहयोग मुझे निरंतर इसी प्रकार मिलता रहेगा।

पालम विहार   **नवनीत कुमार**
गुड़गांव (हरियाणा)
मोबा० 9958258800

भाग-1

प्राकृतिक एवं सांस्कृतिक सौंदर्य

सनातन नववर्ष...

दिन जब सुनहरे गरम हो चलें
रातें सुहानी नरम हो चलें,

पर्वतों से हिमखंड पिघलने लगें
उन्मुक्त निर्झर, झरने लगें,

पाखी जब नील गगन उड़ने लगें
धानी कोपल नई निकलने लगें,

कोकिला जब उपवन चहकने लगे
भीनी मंजरी वन वन महकने लगे,

जब चहुं ओर उड़ने लगें रंग, गुलाल
सुखमय हो जाए जीवन का हाल,

धरती जब करने लगे, सोलह श्रृंगार
आंखों से निंदिया हो जाए पार,

समझो तब संकेत दें सारे जतन
''नववर्ष'' फहराएगा ध्वज सनातन,

मदमस्त मधुमास जब छाएगा
''नववर्ष'' प्यारा धरा आयेगा।।

महाकुंभ...

ना कोई जंत्री, ना कोई पत्री, ना कोई आह्वान
अनंत काल से चला आ रहा मेला कुंभ स्नान

सतत नवग्रह गोचर करते, बनते जाएं योग
भानु चंद्र गुरु शनि समाएं, राशि विशिष्ट भोग

जनमानस उमड़ पड़े, बिन बिसराए अवसर
बरबस त्याग नित्यकर्म, अमृत पीने को तत्पर

सर्वप्रथम जो मां गंगा में, कर शाही स्नान
नागा—साधु, योगी, संत, अनंत अखाड़े शान

गंगाजल निर्मल अमृत, भव सागर तर जाएं
मल मल रेती त्रिवेणी, अंतर्मन दमकाएँ

जनमानस का इस धरती पर, सबसे वृहत समंदर
देह चमकती कनक समान, पुण्य आत्मा अन्दर ।।

उत्सव की बरसात लिए, पहुंचा कार्तिक मास
हर उत्सव आधार छिपा, चन्द्र कला का वास,
शरद पूर्णिमा काल समाप्त, कार्तिक श्रीगणेश
मिष्टी शीतल खीर घुली, रजत किरण चंद्रेश।

त्याग दिए भोजन पानी, पति–जीवन जाग्रत
चौथ चन्द्र के दर्शन कर, तोड़े पत्नी व्रत,
अष्ट चन्द्र का माता–व्रत, छुपा विशेष निदान
संध्या तारा अर्घ्य दिए मां, कर रक्षा संतान।

चन्द्र एकादश, रमा एकादश, विष्णु लक्ष्मी पूजा
लक्ष्मी पूजा कार्तिक माह, ध्यान नहीं कोई दूजा,
धन स्वास्थ्य की रक्षा करता, धनतेरस का चांद
समुद्र मथ, अमृत–कलश, धनवंतरी भगवान।

नरक चतुर्दशी वह ईश जो, जीवन हरे तमाम
उस ईश्वर को दीप समर्पित, यम देव के नाम,
लुप्त हुए अब चन्द्र देव, महा अमावस रात
जग जगमग सब हो उठा, दीपों की बरसात।

प्रथम चन्द्र शुक्ल पक्ष में, गौधन का सम्मान
शुक्ल दूज चन्द्र ले आए, भाई दूज का मान,
छठा चन्द्र शुक्ल पक्ष, व्रत नहीं जग दूजा
तीन दिवसीय कठिन तप, छठ मैया की पूजा।

पूर्णिमा कार्तिक आ गई, छाया उर उल्लास
चन्द्र खिले अब यूं नभ में, पुंज धवल प्रकाश,
नानक जी जन्मोत्सव, गंगा तट पर वास
लगा विराम त्यौहारों पर, पूर्ण कार्तिक मास।।

नव वर्ष की शुभकामनाएं ...

नववर्ष आरम्भ हुआ,
इच्छाएं अपरंपार।

शेष रहें संकल्प नहीं,
पूर्ण करें करतार।

द्वेष, क्लेश मिट जाएं जग से,
दुःख का ना स्थान।

नव मृदा, जल, वायु, सींचे,
जन–जन अमृत प्राण।

सृष्टि सृजित हो नई पुनः,
हो नव ऊर्जा संचार।

प्रेम पले पल–पल उर में,
भव सुंदर ये संसार।।

लोहड़ी की मंगलकामनाएं ...

पौष मास का अंतिम दिन, नरम शीत की आस
कृषक संजोए स्वप्न सघन, उर छाए उल्लास

बढ़ें सूर्य उत्तरायण, बढ़ते दिन और ताप
लहराएंगे खेत घने, पकी फसल की छाप

अभिवादन हो अग्नि देव, सूर्य देव सत्कार
तिल, गुड़, अन्न समर्पित हैं, अग्नि वृत्ताकार

नेकी दुल्ला भट्टी की, स्मरण करे संसार
सुंदर, मुंदर दो बहनें, डाकू किया उद्धार

शुभ–विदाई शीत–ऋतु, बसंत आगमन द्वार
सागर जन–उल्लास का, लोहड़ी का त्यौहार।।

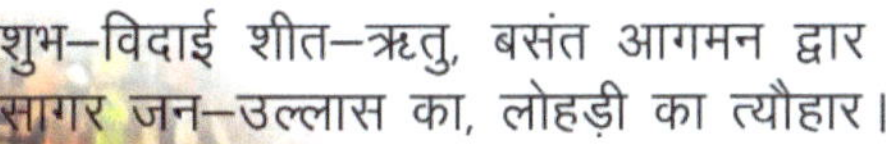

दिवाली आगमन ...

हरसिंगार महक रहे, हर बगिया–अंगना
दुल्हन नव–नवेली सा, घर–घर सजना,

जमने लगे हाट, शहर, गांव–देहात
चमकती दुकानें, बदलते हालात।

छोटी बड़ी सभी, दुकानों भरा माल
खील, खांड खिलोने, मिठाई सजे थाल,

ड्राई–फ्रूट गिफ्टपैक, आवरण सजाए
फूलों की लड़ियों में, कंडील मुस्काए।

दूर कहीं छूट रहे, रॉकेट, अनार
बच्चों में उत्साह, बढ़ाये अपरंपार,

सियाह काली रातें, कच्ची मुंडेर
बलखाए ज्योति, लक्ष्मी उकेर।

सरगम सी छेड़े है, धुनती रजाई
दस्तक गुलाबी ठंड, फिर ले अंगड़ाई,

मौसम घुली मस्ती, मदमस्त छा गई
उत्साह उमंग लिए, दीपावली आ गई।।

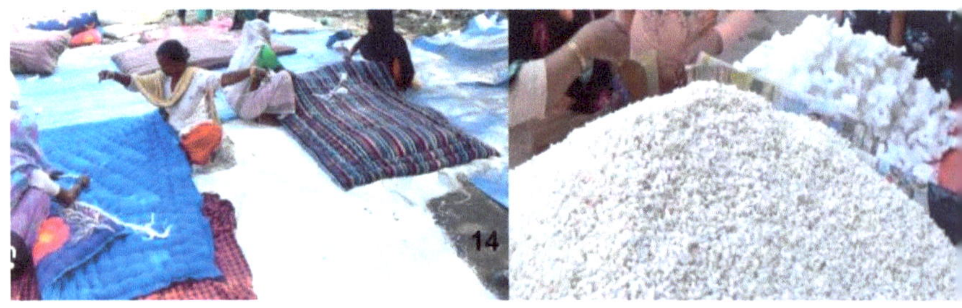

14

अश्विन का आगमन...

कानन वल्लरी, वट–वृक्ष को पकड़े
सुडौल स्तंभ, कोमल तंतुओं से जकड़े,

आलिंगन बंधन, झुकी जा रहीं हैं
प्रणय सीमाएं, छुपी जा रहीं हैं,

पवन मंद झोंके सहे जा रही हैं
मदोन्मत वल्लरी बहे जा रही हैं।

मखमली दूब, हरसिंगार छिटकाती
हवाओं में मदमस्त सुगंधी उड़ाती,

पत्तों पर शबनम के मोती संवारती
वनस्पति, प्राणी नवऊर्जा संचारती,

मस्ती क्यूं सर पे, चढ़ी जा रही है
सरदी गुलाबी, बढ़ी आ रही है।

रौनक मगर फना है...

दुकानें सब सजी हैं, मॉल चमचमाएं
बिजली की रौशनी, घर घर जगमगाएं
काली सी चादर रात, मोती झिलमिलाएं
माटी दिया तैल की, सुगंध अब फना है
वो मंद मंद झूमती, दियों की लौ कहां है।

बेजान से तोहफें, दिनभर घूमें घर घर
बधाईयों का तांता, सुबह शाम जमकर
मोबाइल की घंटी, बजती रहे निरंतर
मिठाई की मिलावट, रिश्तों में अब समा है
खुशबू चार अपनों की जो थी, अब कहां है।।

16

श्याम वर्ण मेघ...

श्याम वर्ण मेघों ने, अंबर को ढक लिया
बगुलों के झुण्डों ने, धरती धवल किया

कोयल की कूक ने, कर्ण रस घोल दिया
मेहप्रिये पंखों ने, इंद्रधनुष खोल दिया

बैल संग कृषक की, आस यूं प्रबल हुई
कली खिल कमसिन, मोहक कमल हुई

झूम उठीं फसलें, धरती दीवानी
झमा झम बरसता, जलधर से पानी

अंबर–घटाएं, घनघोर भर गईं
धरती पे जीवन, सराबोर कर गईं ।।

(धवल : श्वेत ; मेहप्रिय : मोर ; जलघर : बादल)

वर्षा की बूंदें...

वर्षा की बूंदें, यूं हल्की फुहारतीं
जलते तवे पर, छन छन पुकारतीं

बैरन ना जानें ये, क्या कर गईं
झुलसते बदन में, अगन भर गईं

वर्षा फुहारें, गजब कर गईं
पसीने से देह, तरबतर कर गईं।।

खेत और "रहट"...

कहीं "हरट" थे बोलते, कहीं "रहट" भर गांव
नीचे शीतल जल बहे, ऊपर जामुन छांव।

टन टन बैल—गले घंटी, चुर चुर चले कमान
कुएं छलकती बाल्टी, छेड़े छन छन तान।

खेत चली जल की धारा, फसल बुझाने प्यास
खेतों में सोना बिखरे, कृषक लगाए आस।

बच्चे कूदें "चौबच्चे", भर भर करें नहान
भांति भांति के सुर संगम, कर दें दूर थकान।।

(चौबच्चा : पानी की हौज)

सर्वस्व "गर्भ-धरा" है...

लोहा, चांदी, पीतल, जस्ता, हीरा, पन्ना, सोना
खनिज, तेल, वृहद वृक्ष, बीज–फसल हो बोना।

अग्नि, जल, जीवन का कल, सब क्यूं हरा भरा है
शिव, शव, प्राण, ये ब्रह्माण्ड, सर्वस्व "गर्भ–धरा" है।।

तन-मन तर कर दो...

सूर्य देव भए रक्त–पिपासु, इंद्रदेव भी क्रुद्ध
दो पाटों में पिसता मानव, कैसे लड़े ये युद्ध।

चौबीस घंटे आग बरसती, लू के पड़ें थपेड़े
युक्ति ना कोई काम आ रही, कुछ भी करें बखेड़े।

पंखा, ए सी, कूलर सब की, खड़ी हो गई खाट
मानव मुंह लटकाए जोह रहा, अब वर्षा की बाट

मॉनसून के आने में अभी, भले हो देरी
इंद्रजाल दिखाकर, इच्छा पूरी कर दो मेरी।

एक बार बरसा दो जमकर, तन–मन तर कर दो
प्यासी धरती, प्यासे जीवों, में जीवन भर दो
बहुत चला ली अपने मन की, अब तो बस कर दो
इंद्रदेव कुछ जुगत लगाकर, जल–वर्षा कर दो।।

पानी पानी...

गली गली, कूचा कूचा, आफ़त बन कर आई
पीने को ना बूंद एक है, घर घर नदी समाई

कुदरत खेल करे ये कैसा, जन–जीवन जंजाल
जलमग्न ये कर दे सब, क्या जान क्या माल।

फसल, पेड़, मवेशी, जनधन, सब हैं ''पानी पानी''
'दुनिया' अपनी देख तबाही, ''आंख में लाए पानी''

आसमान से टपका भोजन, ''मुंह में लाए पानी''
सही समय सरकार ना सुध ले, ''उतर गया है पानी''।।

वर्षा की बूंदें...

ऊंचे अंबर से, मोती सी झरतीं
हीरे की कनियों की माला उतरतीं

हवाओं में झूमती बलखाती बूंदें
धरती पे अमृत फले जा रहीं हैं।

कमल कलियों को फूल बनातीं
हरित धरा को दुल्हन सजातीं

काली घटा से विरक्त हुई बूंदें
वृक्षों से पारा ढले जा रही हैं।

चातक की तृष्णा निरंतर बढ़ातीं
स्वाति नक्षत्र का चांद छुपातीं

प्यासे चातक को तरसाती बूंदें
चातक का जीवन छले जा रही हैं।।

झर बादलों से पत्तों पे इठलातीं
कभी संकुचातीं कभी कुम्हलातीं

नवयौवना को जलाती ये बूंदें
विस्मित सा जादू चले जा रही हैं।।

वो "स्वर्ग"
छुपा लें बाहों में...

घर मिट्टी के ठहरावों से
अपनो के ही अपनावों से,
पगडंडी चलते पावों से
हम निकल पड़े थे गावों से।

जीने को शहरी जनजीवन
जो मिला काम, समर्पित मन,
ना रात दिखी, ना दिखी सहर
बस प्राण ले रहा सूनापन।

पाने को सपने कुछ हसीन
बनी जाने कब ये देह "मशीन",
दम घुटता है, तन जलता है
सब ज़हरी–फ़िजा में है मलिन।

जो सपना था वो टूट गया
पर उम्र तो सारी "लूट" गया
जो "गांव" छोड़कर निकले थे
वो "स्वर्ग" तो पीछे छूट गया।

फिर अपनों में गुजरें कुछ दिन
रातें तारों की छांव में
वो "स्वर्ग" छुपा लें बाहों में
आ लौट चलें अब "गांव" में।।

क्यूं लगे सुगंध अपनो की आस पास है,
आज की बयार में ख़ास ही अहसास है।

गांव के कुएं...

पनिहारन—पांव में, पायल खनकती
रस्सी गले जल—गागरी, छलकती,

चुनरी इंद्रधनुषी, हवा में बलखाती
प्यासे पथिक की, तृष्णा बुझवाती।

देवर, ननद, सास, दिनभर के किस्से
घर—बटवारे में, क्या किसके हिस्से,

कब किसका ब्याह, हुई किसकी सगाई
किसके संग भाग चली, किसकी लुगाई।

टीवी, मोबाइल ने, क्या गज़ब ढाया है
गांव की गलियों में, शहर उतर आया है,

पनिहारन छत पे, सुबह सो रही है
गांव की रौनक, हवा हो रही है।

घर—घर के किस्से, गुप्त हो गए हैं
गांव के कुएं, अब लुप्त हो गए हैं।।

मौसम की अंगड़ाई...

हवा कुछ सुबह की, सुहानी हो चली है
तपती धरा ग्रीष्म की, कहानी हो चली है,

वर्षा ने धो दिए सब, धूलधूसर आवरण
सुगंध नई, फिज़ा में, रवानी हो चली है।।

आस, होली मिलन की...

बासंती पुरवा में, बहती पवन सी
चंदन सी महकी मैं, उर में तरंग सी

मिलने को किसी से, मनुहार कर गई।
दिन के उजाले में, सतरंगी सपनो में
होली के रंगों सी, झर झर मैं झर गई।।

कुछ सहमी सहमी मैं, कुछ गीली गीली सी
नरम—गरम मौसम में, कुछ सीली सीली सी

दबी—दहकी अग्नि फिर, अंगार कर गई।
अल्हड़ सी मस्ती में, मदमाते यौवन को
होली झमाझम, सराबोर कर गई।।

बसंत आगमन...

पीले क्यों खेत हुए, मीठी उमंग
सरसों लहराए है, गेहूं के संग
हिचकोले खाती, डूबती उतराती
नीले से अंबर में, पीली पतंग।

सतरंगी इंद्रधनुष, मुग्ध नयन
महुआ महक रहा, मस्त सघन
रस—पिपासु मधुमक्खी भौंरों पे भारी
ऋतुराज आया है, धरती मगन।।

"होली की महारानी"...

होली के त्योहार की, गुजिया ही पहचान
घर–घर बनती थोक में, हर दुकान की शान,

घी में तलकर छोड़ दिया तो, कहलाए ये गुजिया
यदि चाशनी बीच डुबोई, गुजिया हो गई गुझिया,

अलग–अलग नाम से जाने, इसको देश के वासी
'कुसली' 'करंजी' 'घुघरा' 'पिकड़ी', या है 'सौमासी'।

मुगल–व्यापारी लेकर आए, भए आठ सौ साल
तुर्किश ''बकलावा'' सी लगती, भिन्न है अंदर माल,

''सिल्क–रूट'' से गुजिया रानी, पहुंची बुंदेलखंड
यू पी, एम पी, राजस्थान में, धूम मचाई प्रचंड,

स्वाद अनोखा भूल न पाएं, देश–विदेश के लोग
शीघ्र बन गई गुजिया बृज में, श्रीकृष्ण का भोग।

पहले बनती थी आटे में, गुड़, शहद भर अंदर
धूप में सेकी जाती थी, जो खाए वो सिकंदर,

धीरे–धीरे गुजिया का, बदल गया स्वरूप
मैदा, खोया, ड्रायफ्रूट, अब नही चाहिए धूप,

यही है छोटी सी बस मित्रों, गुजिया की कहानी
आठ सदी से चली आ रही ''होली की महारानी''

ऋतुराज आए...

खेतों में लहराती सोने की बालें
सतरंगी परिधान मदमस्त चालें
    ओढ़ चले धानी झूमते तरुवर
    मदमाती इठलाती कोपलें रंगभर।

चहुं ओर महकी भीनी अमराई
किंशुक ने जंगल में अगन लगाई
    मधुमक्खी, भौरों का फूलों पर भ्रमण
    धरा पर इतराता स्वर्ग विलक्षण।

भीगी बौछारों में होरी मतवारे
यौवन को छेड़ती शीतल फुहारे
    फागुन में रजतचंद्र–पूनम की आंधी
    दिन उगले सोना, निशा बरसे चांदी।

सहस्त्रों इंद्रधनुष अंबर पे छाए
आह्लादित कण कण, ऋतुराज आए।।

वो मस्ती के दिन...

सर्दियों की शादी के दिन आ गए हैं
बिस्तर, रज़ाई, ज़मीं छा गए हैं,
    पड़ोस के घर, धर्मशाला हो गए हैं
    आंगन कहीं, पाकशाला हो गए हैं,
हफ्तों से पकवान, बने जा रहे हैं
कहीं छाक, मठरी तले जा रहे हैं,
    मेहमान कोई ना, सभी श्रमिक हैं
    कार्य हैं सीमित, कर्ता अधिक हैं।।

बेबसी वक्त की, चाल चलने लगी है
सूरत समय की बदलने लगी है,
    साधन हैं सब, अब समय की कमी है
    कहां रिश्तों में भी, पहले सी नमी है,
रौनक होटलों की, अब बढ़ने लगी है
औपचारिकता अपनों पे चढ़ने लगी है,
    रिश्ते सब, तपते तवा हो गए हैं
    वो मस्ती के दिन अब हवा हो गए हैं।।

जल का आवेग...

शीतल, तरल पदार्थ है, "जल" पृथ्वी पर एक
जीवन संभव ही नहीं, काम करे अनेक,

शांत प्रवृत्ति कल–कल बहता झरने ताल–तलैया
मित्र बनें, तट रास रचाएं, गोपी कृष्ण कन्हैया,

दुर्बल, शीतल मान भिड़े कोई, हालत कर दे ख़स्ता
जंगल, पेड़, पहाड़, चीर कर, ढूंढ निकाले रस्ता।।

रंग की एकादशी...

तन मन को छू कर क्यूं बहका रही है
झरोखों से सन सन पवन आ रही है,

पत्तों में कोयल   छुपी गा रही है
सूरज की लाली गज़ब ढा रही है।

ऋतु में लगता नशा घुल गया है
ओस की बूंदों से मन धुल गया है,

मतवारा मन क्यूं तरसने लगा है
होली का रंग अब बरसने लगा है।।

भर गए ताल-तलैया...

भूमि बीज स्वतः स्फुटित, गुठली—आम ''पपैया''
प्यास बुझ गई खेतों की, भर गए ताल—तलैया,

धरती हरियाली हुई, कर सोलह सिंगार
ईख, मकई, धान खेत, लहराएं बारंबार ।।

हवा का अभिमान...

(बाल-कहानी पर आधारित कविता)

हुआ हवा को 'अहंकार', वो सबसे 'शक्तिशाली'
कोई नही है इस जग में, उस जैसा बलशाली,

सूर्यदेव ने समझाया, नही अच्छा 'अभिमान'
दंभ भरी हवा मद में, बोली सीना तान,

क्यों ना हो जाए अभी, शक्ति का परीक्षण
कोट उतारे 'राहगीर' का, वो ही बली विलक्षण।

पहले हवा चली पृथ्वी पर, शीघ्र बढ़ाए वेग
राहगीर की पकड़ कोट पर, बढ़ती जाए तेज़,

अब आई सूरज की बारी, दिखलाया जब ताप
बढ़ती गर्मी सहन हुई ना, कोट उतारा आप,

हवा हुई बेहद शर्मिंदा, धरी रह गई शान
अभिमानी का सिर नीचा, ना करें कभी अभिमान।।

हरियाली तीज...

चूड़ी, बिंदी, सुर्ख़ महावर, तन मंजुल परिधान
घर घर भीनी छाई सुगंधि, भांति भांति पकवान,

पड़ गए झूले पेड़ों पर, भरतीं पींग अपार
"तीज" गांव में छा गई, सखियां गाएं मल्हार।।

गर्मियों की छुट्टी...
(बाल कविता)

गर्मी आई गर्मी आई
स्कूलों की छुट्टी लाई,
    गर्मी के ठंडे तोहफों की
    मोटी भर भर मुट्ठी लाई।
कुल्फी, आइसक्रीम लाई
बर्फ का ठंडा गोला लाई,
    नींबू पानी, गन्ने का रस
    दही की लस्सी, कोला लाई।
लीची लाई, चीकू लाई
ककड़ी सस्ते दाम लाई
    लंगड़ा लाई, देसी लाई
    फलों का राजा, आम लाई।
मौज लाई, मस्ती लाई
एनर्जी की   घुट्टी लाई,
    गर्मी आई गर्मी आई
    स्कूलों की छुट्टी लाई।।

जानलेवा...

मां के जीने की वजह,
पिता की सिमटी जान है!
रूप कोई ईश्वर का,
या रब की पहचान है!
पल में मिटा दे जहां भर के गम,
नितांत भोली, निश्छल,
जीवंत मुस्कान है।।

उत्सव "होली" सा नही...

मधुमास की मादक मस्ती, उर में लिए उमंग
धरती यूं अंगड़ाई ले, ज्यूं कोई यौवन अंग।

    ब्रह्माण्ड ने खोल दिए हैं, सारे बंद कपाट
    जीवन नव–श्रृंगार लिए है, दमके रूप ललाट।

घर, आंगन, उपवन में महके, सोंधी सुमन–सुवास
रंग रंगीले, नीले पीले, आह्लादित जनमास।

    चहुं ओर सतरंगी मेला, हर तन परमानंद
    उन्मत्त मन झूम रहे, ज्यूं पाखी कोई स्वच्छंद।

भांग–धतूरे की मस्ती, कहीं फैला प्रणय–सरूर
हर्ष, उल्लास, प्रफुल्लित मन, मदहोशी में चूर।

    उर उन्माद, मदमस्त प्रमोद, कोलाहल घनघोर
    उत्सव "होली" सा नही, पृथ्वी पर कोई और।।

वर्षा की बूंदें...

वर्षा की बूंदें यूं हल्की फुहारतीं
जलते तवे पर, छनछन पुकारतीं

बैरन ना जाने ये, क्या कर गईं
झुलसते बदन में, अगन भर गईं

वर्षा फुहारें गज़ब कर गईं
पसीने से देह, तरबतर कर गईं।

बदरा निहारें, कब बरसेगा पानी
झूम उठें फसलें, धरती दीवानी

झमाझम ना बरसें, जलघर दीवाने
सुलगते हैं तन मन, वर्षा क्या जाने

धूलिका कणों को, नम कर गईं
वर्षा फुहारें, ये क्या कर गईं ।।

फिज़ा में जो मस्ती अगर छा गई है...

कंबल रज़ाई, विदा हो गए सब
ठंडक के दिन, हवा हो गए अब।

पाखी चहकते, गगन छा गए हैं
भौंरों को रसभर, कुसुम भा गए हैं।

वृक्षों पर धानी, चुनर आ गई है
अमराई भीनी, पवन छा गई है।

जंगल में किंशुक, दहकने लगे हैं
उपवन में पुष्प, महकने लगे हैं।

फिज़ा में जो मस्ती, अगर छा गई है
मानो ये होली – डगर आ गई है।।

भाग-2

व्यंग्यात्मक

नया साल...

दिन नए साल में, रह गए बहुत कम,
समझ नहीं आ रहा, कैसे मनाएंगे।
दफ्तर से छुट्टी में, नहीं कोई रहा दम
दादी को मारें, या दादा को उड़ाएंगे।

नया साल VIP, स्वयं घर ना आएगा
नया साल लेने, मनाली सब जाएंगे।
होटल में रूम नहीं, ग़म की क्या बात है
तीन दिन कार में, सड़क पर बिताएंगे।
छूट गया अवसर तो, हाथ मलें घर बैठे
नया साल खोकर, चौबीस में रह जाएंगे।।

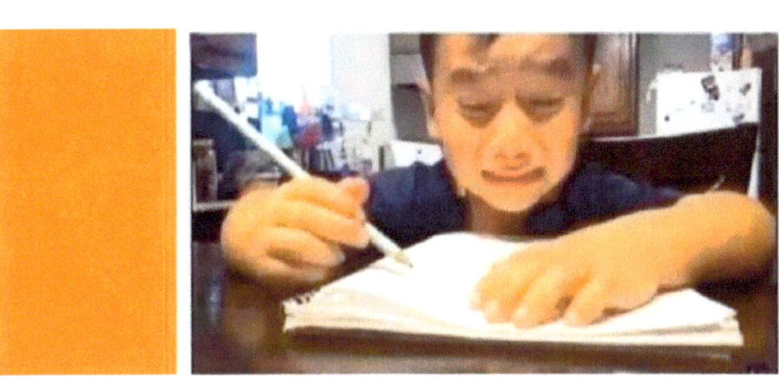

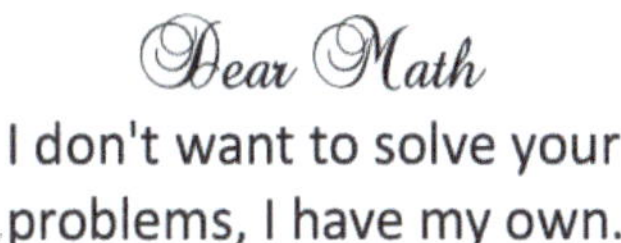

गणित का आतंक...

गणित समझ में ना आया, बुद्धि अपनी तंग
मित्र मेधावी, एक्स्ट्रा क्लास, फिर भी हारे जंग

कर्त्तव्य बोध गुरुजी ने, भरसक किए जतन
टूट गई कितनी कम्मच, नीला हुआ बदन

नही समझ आई फिर भी, ट्रिकी ट्रिग्नोमेट्री
अलजब्रा अल्लाह जाने, हव्वा लगे ज्योमेट्री।

समझ आ गई गलती, हम पैदा हो गए जल्दी
वर्ना थी कैसी रुसवाई, बदन लगे जो हल्दी

टीचर अब हाथ उठाए, बहुत बड़ी है बात
फ़ौरन ही जुर्माना भरते, पाए छात्र जमात

अपना गणित अब भी, रहना था वो ही हाल
किंतु टीचर से पिट कर, हो जाते मालामाल।।

आज के बच्चे...

रात गए मोबाइल चलाते
सूरज के दर्शन ना पाते,
   सुबह दौड़ स्कूल लगाते,
   कच्चा–पक्का भोजन खाते।

पाने को ''बस'' दौड़ लगाते
नींद शेष,''बस'' में कर पाते,
   ''बस'' में जमकर उधम मचाते
   गाली मोटी सीख के आते।

मां–बाप होम–वर्क करवाते
प्ले–ग्राउंड में कभी ना जाते,
   मोबाइल संग खाना खाते
   घरवालों को आंख दिखाते।

मेहमान सम्मान ना पाते
कमरे से बाहर ना आते,
   मम्मी का ना हाथ बटाते,
   होम वर्क 'पेंडिंग' बतलाते ।

मोबाइल बस हाथ थमा लो
बैठे बैठे कुछ करवा लो,
   बिजली पानी बिल भरवा लो
   दुनिया जहां का पता करा लो।

उंगली बस मोबाइल चलती
बाकी काम कमर ना हिलती,
   बच्चों की बढ़ ''अकल'' गई है
   बाकी हवा निकल गई है।।

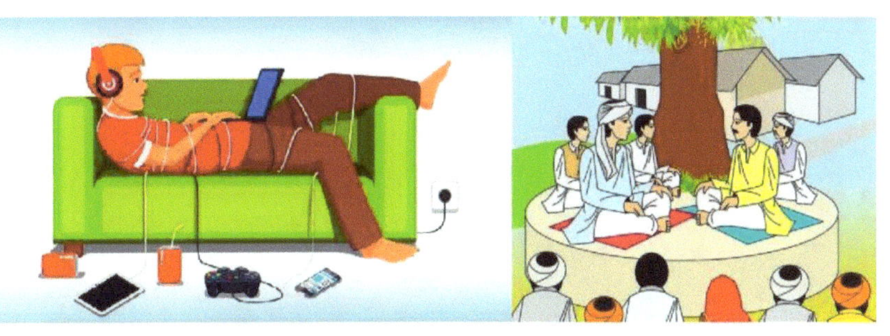

दिल रह रह कर पुकारे...

विज्ञान ने कैसी पकड़ी, सुपरफास्ट रफ्तार
तीस मिनट में पिज़्ज़ा पहुंचे, गर्म आपके द्वार,
   बैंक, बजार, सिनेमा, टी वी, घर बैठे उपलब्ध
   एक क्लिक पर रिजर्वेशन, है दुनिया स्तब्ध।

कहां मैं जाऊं, क्यूं मैं जाऊं, सब सिमटा है 'वेब' में
खुश हो जाऊं, बटन दबाऊं, दुनिया मेरी जेब में,
   बंद हो गया है मिलना–जुलना, खेल–कूद मैदान में
   खोल दिया है इक दरवाज़ा, पास के शमशान में।

भर–चौपाल, गली में जमघट, लुप्त हुए हैं प्यारे नज़ारे
सब पाकर क्यूं खालीपन, दिल रह रह कर यही पुकारे,
   सही कहा करते थे पहले, पूर्वज लोग सारे हमारे
   सुख जो छज्जू के चौबारे, वो ना बल्ख़, ना बुख़ारे।।

साइकिल सवार...

दुनिया में जब से हुआ, पहिए का अविष्कार
सबसे सस्ता वाहन है, दिन भर घूमो यार।

   बच्चों की तो जान बसे, सबसे पहली सवारी
   कौन चलाए सबसे तेज, किसने बाजी मारी।

फ़्यूल का ना झंझट है, ना पॉल्यूशन की मार
स्वस्थ सदा जीवन जिएं, बन साइकिल सवार।।

निकला दिवाला...

आतिशबाजी लाएंगे, धूम मचाएंगे
बच्चों ने घर सारा, सर पे उठा डाला,
    कड़की, मंहगाई, मुश्किल से घर चले
    कंगाली के आटे में, पानी मिला डाला,
बोनस मिल जाए तो, बजट बनाएंगे
दो हफ्ते बच्चों को, मुश्किल से टाला।

पत्नी उत्साहित, गिफ्ट, साड़ी लाने को
मॉल–मॉल, घूम–घूम, पैर पड़े छाला,
    'हश पपीज' पहन कर भी, टांगें जवाब दें
    हील पहन घूम रहीं, साठ बरस बाला
दीवारें बोल उठीं, प्लास्टिक पेंट पोत कर
पत्नी बोली, कहां आए, कंडील, माला।

दिवाली हो शानदार, पत्नी की चाह है
इच्छा ना पूरी तो, 'ज्योति' बने ज्वाला
    फैमिली की फरमाइश, कब होएं पूरी
    त्योहार आया, या मकड़ी का जाला
जब लगा कार्य सब, हो गए संपन्न
दिवाली दिखाई न दे, निकला दिवाला ।।

अब क्यूं बैठा रो रिया...

दीन दयालु मंगल मूर्ती, गणपति बप्पा मोरिया
गर्मी पड़ती देश भयंकर, ना जाने क्या होरिया।

गलती से जो निकला बाहर, होश हवास खो रिया
मुंह लपेट छोरी निकली, "काली" हो गई "गोरिया"।

भरी दुपहरी बैंगन रखे, शाम को "भरता" हो रिया
होटल भट्टी, बिन ईंधन के, सब तंदूरी हो रिया।

कूलर दिन भर पानी मांगे, कौन चैन से सो रिया
ए सी "खुद" में आग लगाए, ठंडा कुछ ना हो रिया।

क्यूं आई ये भीषण गर्मी, "INSAT" ना कुछ बोल रिया
क्यूं मौसम "बेमौसम" हो गए, राज़ ना कोई खोल रिया
ये "जलवायु परिवर्तन" है, अब क्यूं बैठा रो रिया
मानव वो ही काट रहा है, जैसा कुछ वो बो रिया।।

चौबीस का चुनाव...

चौबीस का चुनाव कुछ, रहा समझ से पार
पार्टी जीती ना कोई, ना हुई किसी की हार,

जनता ने बरसा दिया, नाप–तोल के प्यार
सभी पार्टी लिए खड़ीं, ढोल, नगाड़े, हार।

हलवाई के लड्डू बंट गए, सभी दिशाएं चार
किंतु क्या बन पाएगी अब, स्थाई सरकार,

सभी पार्टी जुगत लगाएं, टपक रही है लार
प्राइम मिनिस्टर कोई बने, "पलटूराम" स्टार।।

चुनावी चहल पहल...

कोयल को सुनने की फुर्सत कहां अब
घर घर में कव्वे बसंत गा रहे हैं,
नज़रें मिलाए युग बीते थे जिनको
जब पलकें बिछाए, पलछिन आ गए हैं,
समझो चुनावों के दिन आ गए हैं ।।

प्यार दिलों में हिचकोले खाए
36 का आंकड़ा 63 सा भाए,
जनमजात शत्रु गठबंधन बनाए
जब कुंभ के बिछड़े, अभिन्न आ गए हैं,
समझो चुनावों के दिन आ गए हैं ।।

बिजली और पानी मुफ़्त दिलाने
मेट्रो और बस की सैर कराने,
दिल्ली को फिर से पेरिस बनाने
जब नेता बढ़ाने विटामिन आ गए हैं,
समझो चुनावों के दिन आ गए हैं ।।

बालों में जिनके सफेदी है छाई
उमर जिनकी संध्या–भजन की है आई,
चुनावों का ज़ालिम नशा क्या चढ़ा है
यमदूत दरवज्जे लेने खड़ा है,
उबाल कढ़ी–खट्टी, अनगिन आ गए हैं,
समझो चुनावों के दिन आ गए हैं ।।

गर्मी के तेवर...

धीरे–धीरे गर्मी, अपनी पकड़ रही रफ़्तार
बचने की तैयारी कर लो, बहुत पड़ेगी मार,
    गर्मी पहले पैसेंजर, फिर होगी वंदे भारत
    दिन पे दिन गर्मी लिखेगी, नई–नई इबारत।।

सूर्यदेव चलेंगे जब, गुस्से में अपनी चाल
सुबह 'हरा' टमाटर घर में, शाम दिखेगा 'लाल',
    'गोरी' मैम काम पर निकले, कर पूरी तैयारी
    भर गर्मी ने करी 'बैंगनी', मेकअप देई उतारी।

पशु–पक्षी, जन–जीवन जग में, सब होंगे बेहाल
गर्मी दिखलाएगी तेवर, थम जाएगी चाल,
    पगड़ी सर पर बांध चलें, धूप ना पाए कुरेद
    वर्ना हो जाएंगे सर के, काले बाल सफेद।

एक ही 'जाति' धरती पर, जो गर्मी से ना डरती
'बच्चा जाति' वेट करे, जब धरती आग उगलती,
    हिल–स्टेशन, सैर–सपाटा, बंद हों जब स्कूल
    आइसक्रीम, कुल्फ़ी, कोला, रखेंगे सबको कूल।।

"कूटनीति"...

गिरता स्तर जन–जीवन में, खींच रहा है ध्यान
"कूटनीति" का हर जीवन में, बहुत बड़ा था मान
    धनिया, मिर्ची, धान–कटाई, हाथ से "कूटे" जाते
    मिक्सर, ग्राइंडर कौन था जाने, तभी स्वाद थे पाते।

घर पर बच्चा लाइन से भटके, या दिखलाए नखरा
घर सब बारी–बारी से कूटें, बना "बलि का बकरा"
    कैसे भी परिवार से हो, ले "मुंह सोने का चम्मच"
    मास्टरजी स्कूल न बक्शें, दें "शहतूत की कम्मच"।

कुट–पिट कर बच्चे चलते थे, सीधी जीवन–रेखा
"कूटनीति" का डर मन में, कभी इधर उधर जो देखा
    जब से "कूटनीति" है गायब, सभी तरफ है टेंशन
    भोजन का भी स्वाद ना भाए, बिगड़ गई "जनरेशन"।।

समोसे का पेड़...

दौड़ लगाओ चुन्नू मुन्नू
पिंकी, मौसी, मौसा
    पेड़ उगा है खाओ मिलकर
    गरमा गरम समोसा।

बबलू बोला बाग बड़ा है
मेरा करो भरोसा,
    अब खाएंगे साउथ इंडियन
    वड़ा, मसाला डोसा।।

विटामिंस का ठेला...

विद्यालय के द्वार सज गया विटामिंस का ठेला
इमली, कमरख, बेर रसीले चूरन चाट का मेला,

बज गयी घंटी, हो गयी छुट्टी, सबर नहीं किसी को
दौड़ पढ़े बच्चे ठेले पर, होड़ लगी है सबको,

चहुं ओर इकठ्ठा हो गए गले में बस्ता डाल
घेर खड़े ठेला बच्चे ज्यूं मक्खी मिठाई थाल।

कोई कहे अमरुद नमक, कोई मांगे खट्टे बेर
किसी को चूरन चटखारा दो, नहीं चाहिए देर,

पैसे नहीं तो चिंता क्या, धर कॉपी कोई पुरानी
रफ़ कॉपी भी दे कर जाये, खट्टी इमली रानी,

कौतुहल काले चूरन का, बच्चे खींच के लाए
जादू लगे, न समझ पाएं, चूरन कैसे जल जाए।।

दिल्ली जल समस्या पर "फनी" सिंह...

आज ''गायब'' पानी पानी, पानी पानी पानी पानी,
''आप'' ने याद दिला दी दिल्ली को एक बार फिर नानी,

आ जाओ विपक्षी—मीत आकर टांग ''आप'' की खींच,
फिर ना मौका होगा ऐसा, जो बात ना तुमने मानी ।।

शोले...

आधा भारत आग में झुलसे, फिल्म लगी है ''शोले''
''कितना पारा चढ़ा रे कालिया ?'', गब्बर सिंह ये बोले।

बोला 'कालिया' खुद देखें, क्या हाल मेरा सरदार
दो दिन में जल बना 'कोयला', ताप सैंतालीस पार।

गांव है सूना, डाका ठंडा, ''इतना सन्नाटा क्यूं है ?''
भीषण गर्मी जान ले रही, बाहर निकलता ज्यूं है।

गर्मी से राहत मिले, जब बाल्टी बदन उडोली
पता करो गांव में जाकर, 'कब आयेगी होली'।।

हमें न चाहे माल...!

भजिया, पाव, वड़ा, टिक्की, इडली सांभर डोसा
बड़ी मेज पर भरा नाश्ता, सब कुछ गया परोसा।

लड़के वाले कुछ शर्माए, दिल में लिए मलाल
एक बात हम भूले कहना, हमें ना चाहे माल।

इतना भर कहना चाहें, लड़के के मौसी, मौसा
एक प्लेट में सर्व करा दें, गर्मा गरम समोसा।

भावुक लड़की वाले बोले, कैसे करें यकीन
हमे क्या मालूम आप भी हैं समोसो के शौकीन।।

(बेहतर रिश्तों के लिए 'पान पराग' की जगह समोसे खाएं)

कुछ हैं संभल गए...

कैसी थी निष्ठा, कैसा समर्पण
सारे समीकरण, पल में बदल गए,
वादे भी झूठे थे, कसमें भी झूठी
सत्ता का स्वाद चखा, धरम बदल गए।

विपक्ष के वफ़ादार, सत्ता विरोधी
घटा घनघोर देख, पाला बदल गए,
नेताजी वही और नीति भी वही,
पार्टी का रंग और झंडे बदल गए।

बलशाली सत्ता है, दुर्बल विपक्ष है
सीमित विकल्प देख, कुछ तो संभल गए,
इधर सत्ता पार्टी, उधर तिहाड़ जेल
आधे इधर गए तो, आधे उधर गए।।

बचपन से जो 'फ़ोकस' हो, कर शिद्दत से काम,
वही पहुंचते एक दिन, पूर्ण सफल 'अंजाम'।

भाग-3

सामाजिक एवं अन्य

अजब दास्तां इस रस्ते की...

कैसा है सफ़र, कहां तक जाता है ये रस्ता
हाथ में है हाथ, हाथ नहीं आता ये रस्ता ।
मुसाफ़िर बड़े हो गए, बढ़ता जाता है ये रस्ता
अथक चले जाते, नापा नहीं जाता ये रस्ता ।
अजब दास्तां इस रस्ते की रहबर,
न कोई जाना, न किसी को ख़बर,
साथ चलते कुछ दूर, अलग हो जाता ये रस्ता ।

वहीं पे अब विश्राम है...

हाथ थामा था कभी,
सोचा सफ़र आसान होगा
अपना घर–संसार होगा,
पीढ़ी का निशान होगा ।

परिंदों की अपनी मंजिल,
अब कहां आराम है,
सफ़र जहां से था शुरू,
वहीं पे अब विश्राम है ।।

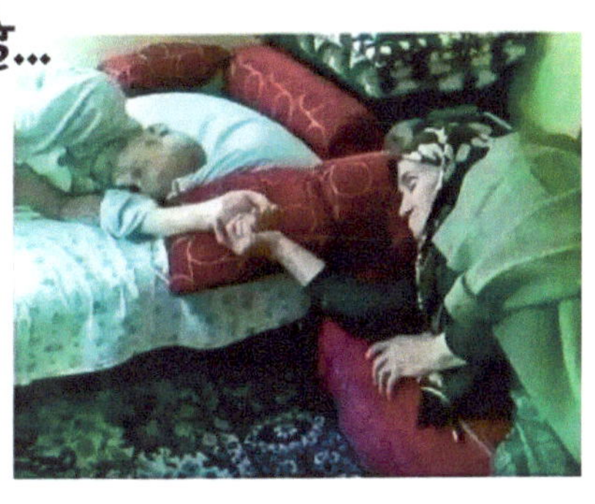

उम्र भर साथ निभाया हमने ...

ये क्या मेरे साईं,
गुरबत, मुहब्बत, या मजबूरी है !
बिन परिंदों के कैसा नीड़,
कैसी समाई ये दूरी है !

दो वक़्त की मिली ना मिली,
साथ तो खाया हमने,
ये कम तो नहीं मौला,
उम्र भर साथ निभाया हमने ।

बिजनौर की "अजब लीला"...

उत्तर प्रदेश के बिजनौर जिले के "आठ अजूबे
बहुत प्रसिद्ध रहे हैं, कुछ के बारे में बिजनौर
वासियों ने सुना और देखा भी होगा। अधिकांश तो
समय के साथ परिवर्तित हो चुके हैं। उन सभी
स्थानों के पुराने चित्र तो संभव नहीं थे, अतः कुछ
के नवीन चित्र, कविता के साथ दिए गए हैं:

जिला बिजनौर निराला है, अजब निराले ठाठ
सात अजूबे दुनिया में, बिजनौर शहर में आठ।

बीच बजरिया खड़ा शान से, "घंटाघर" अनमोल
घंटा एक दिखाई ना दे, बस चार निशानी गोल।

बीच मैदान खड़ी शान से, गोल "फूस की कोठी"
जंगल बीच बनाई किसने, 'बिना रास्ता कोठी''।

स्टेशन "बिन प्लेटफार्म", जंगल पड़ता ठेठ
"बिना कबर" का मकबरा, बिन पैसे का सेठ।

नदी, सरोवर, ताल तलैया, भरें लबालब आब
बना शान से "खोखरा पौंड", बिन पानी तालाब।

बी.एच.यू. भवन रचयिता, प्रथम देश मुख्य अभियंता
जिले के गौरव, देश की शान, कायल हो गई जनता,
ब्रिटिश—रूल, "ज्वाला प्रसाद" का देश में डंका बाजा
मिली उपाधि 'राजा' की, बने "बिना रियासत" राजा।

बिना घड़ी का घंटाघर
(अब घड़ियां लग चुकी हैं)

बिना प्लेटफार्म का स्टेशन
(अब प्लेटफार्म बन चुका है)

बिन पानी तालाब, खोखरा पौंड,
(अब इंदिरा पार्क)

बिना रास्ते की कोठी (अब यहां के
बड़े बाग में प्रकाश नगर कॉलोनी
बन चुकी है)

राजा ज्वाला प्रसाद
(बिना रियासत के राजा)

छाप साईं का रूप...

घर–परिवार छोड़ क्यूं दौड़े,
   करने को चित्त शांत,
सच्चे संत–गुरु कब मिलते,
   इस कलयुग, किस प्रांत।

जो बाबा भक्तों के शव चढ़,
   हो जाएं फ़रार,
वो भक्तों को क्या तारेंगे,
   "दुख–सागर" से पार।

घर–मंदिर में पूजा कर ले,
   रख ईश्वर प्रतिरूप
मन–मंदिर में सिमरन उत्तम,
   छाप साईं का रूप ।।

कुछ दिन तो गुज़ारें...

ना हवा शुद्ध, ना जीवन–जल,
भोजन ज़हरीला थाल में।

क्यूं छोड़ गांव, भागे शहर,
यहां फंस गए किस जंजाल में।

किससे नाहक तुम जूझ रहे,
आगे बढ़ने की होड़ में।

थक–हार गए हो सुबह–शाम,
इस शहर की भागा–दौड़ में।।

छत पर छिड़कें ठंडा पानी,
सोएं तारों की छांव में।

ठंडा जल, लस्सी ग्रहण करें,
रोटी लकड़ी की ताओ में।

चौपड़ खेलें, चौपाल करें,
यहां बैठें नीम की छांव में।

छुट्टी लेलें, कभी आ जाएं,
कुछ दिन तो गुज़ारें गांव में।।

मैं कुछ न सही मेरे जिगर, तू तो है मेरा दुलार
मेरा बस चले, कदमों में रख दूं सारा संसार,

आज तू मेरी रेहड़ी पे, दिल लगा ले इन किताबों से
कल बरसेंगी इस घर पे तेरे, खुदा की नेमत हज़ार।

जब मित्रों की महफ़िल, सर–ए–राह मिलते हैं
बोझ कितना भी सर, लब–कमल खिलते हैं ।

यदि आइना न होता
तो क्या होता..!

बच्चा, जवान, ना बूढ़ा होता,
सूरत ना दिखती अपनी,

ना उम्र का कोई भय होता
"मैं" बस मैं होता ।।

51

मासूमियत...

बचपन के किस्से, लड़कपन के खेल
दुनिया की चिंता, ना हैसियत का मेल

कैसी पढ़ाई, बस मस्ती में झूमें
अपनी ही दुनिया में, मस्त मगन घूमें।

जितना भी चाहें, उधम मचाएं
जिस घर भी जाएं, रौनक लगाएं

जी भर के मस्ती, कोई ना रोके
सब दुलार करते, कोई ना टोके।

कभी आंख मिचौली, छुपम छुपाई
अभी खेलें संग संग, अभी रुसवाई

बचपन के रिश्ते, कहां जाएं त्यागे
टूट टूट जुड़ते, मासूमियत के धागे।।

कदमों में तेरे खुशी,
इस जहान की लुटाऊँगी।
तू जिगर है, खून मेरा,
कैसे भूल जाऊंगी।
सींचने दरख्त, वादा,
मर के भी निभाऊंगी।
''मां'' है मेरा नाम,
रब से छीन कर मैं लाऊंगी।।

पर हम ना आएंगे...

ऊंची उड़ान उड़, बेतहाशा थक हार
नीड़ लौट आने को, पंछी फड़फड़ाएंगे।

पतझड़ का मौसम, हवा जो तेज़ चली,
पत्ते कमज़ोर हुए, डाल छोड़ जाएंगे।

ज़िंदगी है ढूंढती, पन्ने पुराने से
मिल बैठ लें पलभर, पल ना वो आयेंगे।

कब "जेलर" बोल दे, "मिलने का वक़्त खत्म"
बातें दोहराओगे, पर हम ना आएंगे।

हयात...

ज़िंदगी निकल चली, कैसी कायनात है
समझ न आए खेल ये, शह है या मात है।

तोड़ने पे ज़िंदगी, क्यूं इस कदर आमाद है
गुनाह क्यूं ज़हन में नही, बस सज़ा याद है।

दीन में मिली ज़िंदगी, क्या कोई ज़कात है
उसने जो लिख दिया, बस वही हयात है।

कब मिला जहां में जो, किसी का इंतिख़ाब है
सुना है बस यही कि ये, हशर का हिसाब है।

जीवन की कहानी...

दो अजनबी, आपस में मिलते
जीवन में बनते अनमोल रिश्ते
    कभी पास आते, कभी दूर ख़िंचते
    दृढ़ता से धीमे से, जीवन को सींचते।

दांपत्य सुख में, डूबते उतराते
भाग्य से संतान सुख को पाते
    बच्चों के बच्चों को लाड लडाते
    संजोई पूंजी को हरपल कढ़ाते।

कब उम्र हो गई, कब दिन निकल गए
पलक झपकते, सपने सकल गए
    बंद मुट्ठी सब, रेत से फिसल गए
    जीने की चाह में, जीवन निगल गए।।

मरीचिका...

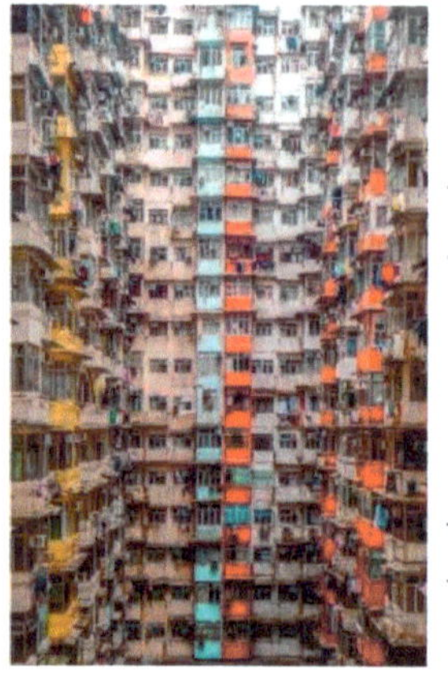

बेहतर जीवन लालसा, शहर दौड़ते पांव
अपनो से अलगाव कर, छोड़ गांव की छांव।

खान–पान आबोहवा, सभी लगाकर दांव
सभी मिला इस शहर में, नही चैन की ठांव।

सुबह शाम की भागा–दौड़ी, दिनभर काँव–कांव
ये विकास का पैमाना, मझधार फंसा दी नाँव।

निकल न जाए ट्रेन...

रिश्तों में क्यों छा रही, मोटी सख्त दरार
ज्वाइंट फैमिली टूट बने, क्यों एकल परिवार,

सभी सलोने रिश्तों में, क्यों आई ये दूरी
क्या ये स्वार्थ मनुष्य का, या कोई मजबूरी।

सुपरफास्ट जीवन जीने में, समय नही है पास
चाहकर भी ना निभा पा रहे, रिश्ते अपने ख़ास,

सारे सुख–सुविधाएं संभव, कुछ भी ना मजबूरी
राशन, भोजन, टीवी, कार, एक कॉल की दूरी।

याद रहे, कुछ भी ना छूटे, जतन करो मुट्ठी भर
सगे–संबंधी मित्र पुराने, सब अपनी ''उंगली'' पर,

याद करो पहले टाइम में, था कोई इतने पास?
मोबाइल पे बटन दबाओ, वीडियो कॉल ख़ास।

कुछ रिश्तों में किसी वजह से, यदि आई कुछ दूरी
दूर करें ये ''दूरी'', क्यों न कोशिश कर लें पूरी,

चाय–पार्टी, फोन पे क्षेम, यूज करें ये ब्रेन
''पहले आप'' के चक्कर में, निकल ना जाए ट्रेन।।

रिश्ते गुम अनेक...

एक समय था घर में रहती, रौनक अपरंपार
आधा दर्जन बच्चे खेलें, खुशियों की भरमार,

  बड़ा पालता छोटों को, नही कोई तकरार
  बाप कमाए, बैठ के खाए, भर पूरा परिवार।

खाना, पीना, पहन, ओढ़ना, सब कुछ सस्ता होई
सिले—सिलाए ब्रांडेड कपड़े, ना जाने था कोई,

  कपड़ा सिला जो घर में एक, पहने सारे बच्चे
  कपड़ों का जेंडर ना होता, फ्रॉक, पजामा, कच्छे।

महफ़िल जमती ब्याह—बारात, घर में इतने बंदे
हफ़्ता देखो लाइव परफ़ॉर्मेंस, छोड़—छाड़ सब धंधे,

  कभी—कभी कुछ रिश्ते चाहें, हल्की इगो मसाज
  कब जीजा नख़रे दिखलाए, फूफा कहीं नराज़।

समय सुनहरा बीत गया, बीत गए दिन सच्चे
लालन—पालन, शिक्षा महंगी, बच्चे दो ही अच्छे,

  मां—बाप दोनो अति—व्यस्त, बच्चा रह गया एक
  चाचा, ताया, मामा, मौसी, रिश्ते गुम अनेक।।

विदेश में नौकरी...

बदल गई जीवन–शैली, बदल गया परिवेश
घर–घर बच्चे पढ़–लिख कर, पहुंच रहे विदेश,
   बेहतर अवसर, कार्य–शैली, बने हुए आकर्षण
   बीच–बीच में मात–पिता के, करते रहते दर्शन।

मात–पिता अच्छे अवसर को, कैसे दें बिसराए
इसी आस में ऊंची शिक्षा, देकर उन्हें पढ़ाए,
   बच्चे बसे विदेश, संभव सुख–सुविधाएं पाएं
   मात–पिता संतुष्ट सरल सा, जीवन जीते जाएं।

अब दूर कहां विदेश, कमाने दो वक़्त की रोटी
इंटरनेट और मोबाइल ने, दुनिया कर दी छोटी,
   सास–बहू में प्यार बढ़ गया, त्रुटि दिखे ना मोटी
   मोबाइल पर सास दुलारे, नहीं सुनाएं खोटी।।

वृक्ष का वचन...

शहर में नए 'नीड़' बस जाएंगे
परिंदे इस घर से जो उड़ जाएंगे,
   जड़ें अपनी अंदर, जमा लूंगा मैं
   जिन ईंटों ने सींचा, संभालूंगा मैं ।।

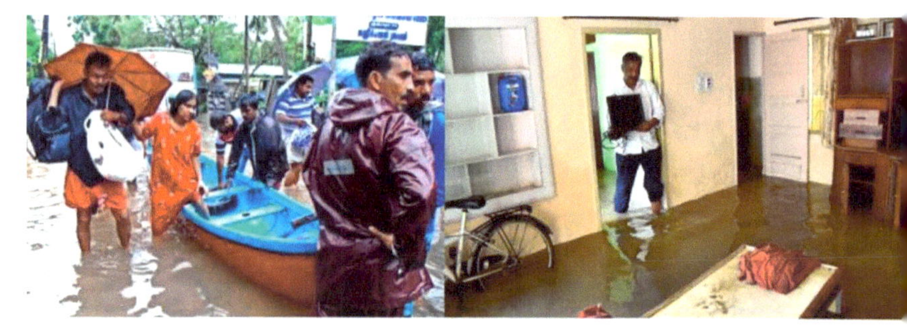

वर्षा के खेल...

गजब कहानी वर्षा रानी, गजब हैं तेरे भाव
कहीं पे सूखे खेत तरसते, कहीं सड़क पे नाव।
कहीं भरा बेडरूम में जल, पीने को ना पाए
कहीं पड़े लाले भोजन, कहीं चाट पकौड़ी चाय।।

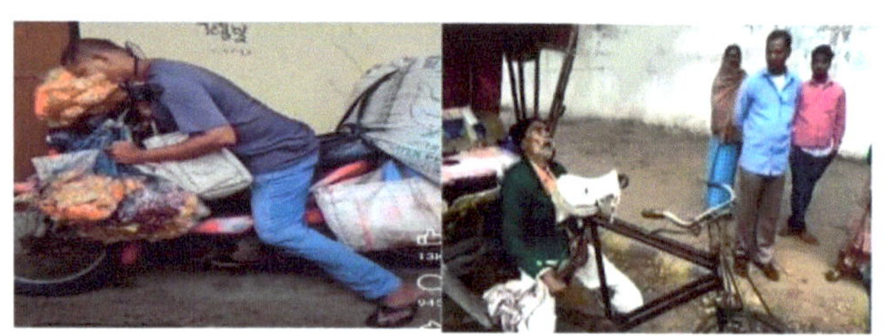

ऐसे भी आ जाती है मौत...

निकला था हाकिम दुकान लेके, कमाने पैसे चार
मां बाप, पत्नी, बच्चों की उम्मीदें, चलाने घरबार,

रास्ता बदल गया बीच रास्ते, जा पहुंचा हरि के द्वार
अब ना आ पाऊंगा वापस कभी, ना करना इंतज़ार।

बदल गया परिवेश...

तीव्र बदलती तकनीकी, लाई विलक्षण 'एज'
इंटरनेट से "दुनिया", बन गई "ग्लोबल–विलेज",

यू एस, यूरोप, देश कनाडा, रिच लोगों का सपना
गांव, शहर का शिक्षित बच्चा, सच कर रहा अपना।

शहर, देश ना फोन मिले था, ट्रंक कॉल सॉल्यूशन
कम्युनिकेशन दुनिया में, ले आया रिवॉल्यूशन,

गन्ने की गाड़ी पर बैठा, अन्नदाता किसान
अमरीका से वीडियो कॉल पे, बेटा करे हैरान।

क्या अंतर बचा है अब, गांव, शहर, विदेश
बदल गई है दुनिया पूरी, बदल गया परिवेश ।।

ये "मंडली" मखमली है...

बीतें हैं कितने मौसम, उम्र ढल चली है
चला–चली की बेला, दिल ये चंचली है,

सरकी है उम्र ऐसे, कि फिल्म बन चली है
कहानी तीन घंटा, सुनहली खलबली है,

जीवन–कहानी मोहक, किस्से बन पड़े हैं
अपने, पराए फिल्म के, हिस्से बने हैं,

वो संगी, साथी बचपन के, वो ही अब गली है
कितने ही बदले पात्र, ये "मंडली" मखमली है।।

जीवन की विषमता...

जीवन में सुख के लिए व्याकुल है इंसान
जितनी संपन्नता बढ़े, उतना ही हैरान।

नित नवसाधन खोज रहा जीवन हो आसान
ज्यूं ज्यूं बढ़ते आविष्कार, फंसती जाए जान।।

जिन खोजा तिन पाईयां, कुछ भी कैसा 'कैट'
सब कुछ तो मिलता यहां, मोबाइल या नेट।

जीवन में अब रहा नही कुछ भी नामुमकिन
सोचा जो इंसान ने, खोज लिया तिन तिन।।

सुबह—शाम की भागदौड़, या दफ़्तर की जेल
घर से ही सब चल रहा, कितना सुंदर खेल।

उगते सूरज पकड़ लिया, ऑफ़िस लैपटॉप
करे निरंतर काम, जब तक सिर हो जाए ड्रॉप।।

मोबाइल अब बन गया, 'अलादीन चिराग़'
घर बैठे सब मिल रहा रोटी, सब्ज़ी, साग।

बैंक, बजार, रिजर्वेशन, पहुंचे घर के द्वार
समय बचाए कीमती, ना मौसम की मार।।

फिल्म देखने जाते पहले, लंबी लगे कतार
बुकिंग कराओ, रिक्शा पकड़ो, कितनी मारम मार।

लैपटॉप, मोबाइल, टी वी, नया 'फिल्म—संसार'
पड़े रज़ाई बटन दबाओ, क्या 'शोले', 'दीवार'।।

सुख सुविधा सब मिल गई, देह हुई बेकार
बीपी, शुगर, अपच, अवसाद, पाए नए विकार।

जिस विज्ञान ने दिए अनंत, साधन आलीशान
वो विज्ञान ही बन बैठा, जीवन का 'शमशान'।।

मन की उड़ान...

एक अवस्था में मनुष्य का मन वर्तमान की बातों को भूल
जाता है किंतु, पुरानी बचपन की यादों को नहीं भूलता
और उन्ही में खो कर उसे चैन मिलता है, अर्थात मन
सदैव अपनी जड़ों को ढूंढता है।

क्यूं बिसराए बात पलों की, याद न बचपन जाए!
क्यूं ना भाए वर्तमान, बस, उर में भूत समाए!

झरता सावन, खेलता बचपन, फिर वो नाव चलाए,
सांझ ढले गौधुली तक भी, नीड़ ना वापस आए।

कहां गए सब संगी साथी, लौट के जो ना आए
उर–उड़ान को क्यों कर रोकें, बचपन सैर कराए।

मन बावरा, दिनभर घूमे, कहां कहां ले जाए,
भटक–भटक यूं हार थके, फिर भी चैन न पाए।

सब सुख पाकर भी न जाने, मन रीता रह जाता,
छोटा सा ये शाश्वत सत्य, क्यूं ना बुद्धि समाता!

अविरल व्यग्र क्षुब्ध मन मेरा, जड़ों में वापस जाए,
बीज जहां था 'सृजित' हुआ, फिर 'जीवन' वहीं पे पाए।।

मित्र पुनर्मिलन...

बचपन, जवानी, निकल गए सब कब
सफ़र मीलों चलकर, कहां पहुंचे हम अब
कुंभ के बिछड़े, ना दूर जाएंगे
सब यहीं आएंगे, दिल मिलाएंगे ।।

दफ़्तर—सरगर्मी, जीने की रैट—रेस
गिले—शिकवे दिल में, कुछ रह गए शेष
हंसते, बतियाते, सब भूल जाएंगे
दोस्तों का जमघट, महफ़िल जमाएंगे।।

रुतबा, शोहरत, ना कुर्सी के किस्से
क्या कमाया किसने, क्या आया हिस्से
कहां इस उम्र में, जोड़ें घटाएंगे
भूलकर ये दुनिया, दारू उड़ाएंगे।।

खुशहाल जीवन, ना शोक ना गमी है
नूरानी चेहरा, आंखों में कुछ नमी है,
ज़िंदगी मुकम्मल, बस सांस ना थमी है
छूट गया ''बचपन'', वो साथी, संग, जमीं है।

जीवन के रंग...

तस्वीरें मोहक दिखें, यदि भरे हों रंग
कहां जरूरत रंगों की, जब मित्रों का संग

हौले हौले हो रही, मंडली मित्र-विहीन
रंग बिखरते जा रहे, तस्वीरें रंगहीन।।

विश्व हृदय दिवस
(29 सितंबर)

दिल...

देखकर शत्रु को अपने, क्रोध की ज्वाला भड़का दे
इक झलक प्रेमी की जो, तन–बदन बिजली कौंधा दे,

खुशखबर जो जानकर, श्वास की धड़कन बढ़ा दे
अनहोनी हो जाए गर तो, देह में कम्पन चढ़ा दे,

सांस लेने को जरूरी, मछली का वो गिल है
जीवन चले जिसके भरोसे, वो हमारा दिल है।।

ज़िंदगी...

किसी सिनेमा या फिल्म की तरह गुज़र जाती है ज़िंदगी
लेकिन फिल्म की तरह ''रीवाइंड'' नहीं हो पाती है ज़िंदगी
रीवाइंड का प्रोजेक्टर तो बस इंसान का ''दिमाग़'' ही है
व्यवहार में न सही, यादों में तो दोहराई जाती है ज़िंदगी।

वक़्त वो ऐसा ही था...

दौर तो अपना भी काफ़ी कुछ ऐसा ही था
ना पुश्तैनी रुतबा ना ज़मीन ना पैसा ही था

बस दोस्त निकलते चुनिंदा खाली झोली से
जो एक आवाज़ पर दिखते बाहर खोली से

दौड़ते नाप लेते चंद मिनटों में गांव का क्षेत्रफल
ना फ़िक्र कोई ना ढूंढना किसी समस्या का हल

अब हैसियत हालात किसी के कैसे भी हों मौला
तू तो जानता है, वो ज़माना, वक़्त वो ऐसा ही था।।

मिट गई ग़रीबी...

आज़ादी के देखो, सत्तर हैं साल
ग़रीबों के अब भी, वही बुरे हाल,

ग़रीबों की जिन तक, न पहुंचे आवाज़
वो नेता ग़रीबों के, सिकंदर हैं आज।

ग़रीबी मिटाने, जो आए थे नेता
पहले आया बेटा, फिर छाया पोता,

मिट गई ग़रीबी, सभी मालामाल
ग़रीब और ग़रीबी, वही फटे हाल।।

बचपन कूद चढ़े साइकिल,
साकार हो गया सपना
कितने जतन किए फिर से,
ना लौटा बचपन अपना ।

This photo was taken of a 12-year-old Brazilian boy (Diego Frazzo Turkato), playing the violin at the funeral of his teacher who rescued him from the environment of poverty and crime in which he lived.

O' my teacher,
you salvaged me from poverty and crime.
You may not be there,
But, how can I forget the precious time !
The path of humanity, you showed me,
I will ever try.
If you do return to see your disciple,
I will never cry.

भाग-4

हँसिकाएँ

UNO जाएंगे...

दुनिया में हम पर, बहुत अत्याचार है
भोजन ना मिलता, बरसती बस मार है,
टॉयलेट व्यवस्था, ना कोई शयन—गार है
बिजली के खंभों की, कमी बरक़रार है।

मनुष्य का हम पर, घनघोर अत्याचार है
मालिक को चिंता, ना सुध ले सरकार है।

दोस्ती को अपनी मज़बूत बनाएंगे
संगठन की शक्ति, जग को दिखाएंगे,
सरकार को नाकों, चने चबवाएंगे
जो मांगें ना मानी, तो UNO जाएंगे।।

"सोनू" बदनाम हुई...

सबसे ज्यादा बिकती हूँ, सबसे सस्ता दाम
सबसे ज्यादा चलती हूँ, सड़ने का ना काम,

फिर भी जग वालों ने मेरी, कैसी हंसी उड़ाई
मुझ जैसी इस दुनिया में ना, वफ़ादार मिठाई,

कहीं भेज दो, दूर दूर तक, नख़रे ना दिखलाऊं
सुबह की निकली दिवाली पर, लौट के वापस आऊं।।

फरेबी रूझान...

आया दिन मतगणना का, शुरू हो गई गिनती,
सभी पार्टी अपनी अपनी, करें जीत की विनती।

हरियाणा एक्जिट–पोल, लगने लगा मुनासिब,
कांग्रेस सरकार बनेगी, दावे लगते वाजिब।

कई स्वघोषित मुख्य मंत्री, सपने लगे सजाने,
कार्यकर्ता, अति उत्साहित, लड्डू लगे मंगाने।

धीरे धीरे पलट गए, सभी रूझान फरेबी,
फैक्ट्री लगाए कांग्रेस, बीजेपी खाए जलेबी।।

"मिस इंडिया", जलेबी बाई...

गरम जलेबी "मिस इंडिया" है, लाए मुंह में पानी
"लड्डू राजा" ने चुनाव में, याद दिला दी नानी,

कांग्रेस ने अति उत्साह में, रीत नई चलाई
त्याग दिया "लड्डू राजा" को, गरम "जलेबी भाई",

रूष्ट हो गए "मोदक राजा", पलट दिया सब पासा
हरियाणा को छोड़ो भैया, महाराष्ट्र भी प्यासा,

रूठ गए "एकदंत विनायक", रीति रास ना आई
गरम जलेबी "राहुलजी" की, बीजेपी ने खाई।।

68

टपके सबकी राल...

शुरू हुआ बारिश का मौसम, आसमान सतरंग
चाय, पकौड़ी, गरम समोसा, आलू टिक्की संग,

बेसन—चीला, गरम जलेबी लिए केसरिया रंग
कौन बने बारिश का राजा, छिड़ गई सब में जंग।

एक योद्धा सड़क पे बिकता, चट—चट सिकता लाल
नींबू—नमक छिड़क दिख जाए, टपके सबकी राल,

केवल बारिश में मिलता है, कीमत कर दे दंग
स्वाद, सुगंध, पौष्टिक, रसधर, मैं ''भुट्टा'' पचरंग।।

ईश्वर ने ''आप'' की, सुन ली कहानी
एक रात में दिल्ली, हुई पानी पानी,
दिल्ली बना दी, शहर झीलों का
पहुंचाया घर घर, वादे का पानी।

(चित्र साभार बिट्टू जोक्स)

गीता पढ़ी, कुरान पढ़ी,
    बचा नही कुछ शेष में,
तीरथ गए, दरगाह गए,
    घूमे देश विदेश में ।

व्यर्थ हुआ जीवन यूं ही
    नही सुकूं किसी वेष में,
जिंदगी का फलसफ़ा
    "बिट्टू" के संदेश में ।।

सूनी, अंधेरी सी, चंचल गली थी
घर के पिछवाड़े, मुहब्बत–पली थी,
    बरसों छुपी, जग जाहिर करवा दी
    दुश्मन मुहब्बत के, ''लाइट'' लगवा दी।

आ जी ले जिंदगी, ''सिमरन'' जी भर के
''राज'' के चक्कर में, दिन निकल जाएंगे।
कुछ वक़्त ठहरे हैं, तेरे शहर में,
घर से निकल आ, भेल–पूरी खाएंगे।

प्यार दिलों में, हिचकोले खाए,
    ३६ का आंकड़ा, ६३ सा भाए
जन्मजात शत्रु, गठबंधन बनाएं
    वो कुंभ के बिछड़े, अभिन्न आ गए हैं
समझो, चुनावों के दिन आ गए हैं ।।

सीधी चाल चली चल
रख काम से काम,
    पंगा ले बुजुर्गों से
यही होए अंजाम !

Congratulations----

जब थमने लगीं सांसें, छलक उठा सब्र का प्याला
क्या गज़ब कर खोल दिया, जीत का बंद ताला
हारी बाज़ी को जीत, देश का दिल जीत डाला
छीन लाए हाथ डाल के, शेर के जबड़ों से निवाला।।

71

(चित्र : साभार फेसबुक)

आधुनिक दोहे : मित्र...

'शुभ' आपका देख कर, जो 'चिंतित' हो जाएं
रिश्तेदार, पड़ोसी, मित्र, 'शुभचिंतक' कहलाएं।

'रंग' मिटा दे 'अंदर' के,   जीवन बेरंग बनाए
''मित्र'' वही सच्चा जग में, 'अंतरंग'   कहलाए ।

साईं इतनी दीजिए,   मित्र सभी तर जाएं
मैं भी प्यासा ना रहूं,   मित्र ना प्यासे जाएं।

मित्र परम ना त्यागिए,   कुंडली रहे छिपाए
जो   हालात बदलते ही,   पीठ छुरी घोंपाए।

अंखियां सेकन मित्र को, कॉलेज—गर्ल्स बुलाए
फिर छोड़ बीच मझधार में, रफूचक्कर हो जाए।

पाठकीय प्रतिक्रिया

बासंती पल : नवनीत कुमार

जिला बिजनौर मूल के कवि और लेखक श्री नवनीत कुमार से मेरा परिचय बिजनौर महोत्सव के सिलसिले में हुआ था। आपने अपनी दो पुस्तक डाक से मुझे भेजी। एक बस यात्रा के दौरान मैंने इनको पढ़ा।

बासंती पल इनका पहला काव्य संग्रह है। इसमें कुल इकतालीस कविताएं हैं। कविताओं को पढ़ने पर आभास हुआ कि सहज रूप से जब कवि के मन में भाव उठे तो इन्होंने लिख दिया, जबरदस्ती या पूर्व प्रयोजन के साथ कविता नहीं लिखी। यदि इन कविताओं को विषय के अनुसार वर्गीकृत किया जाए तो ये कविताएं मुख्यतः प्राकृतिक, सांस्कृतिक और सामाजिक मुद्दों पर आधारित हैं कुछ व्यंग्यात्मक भी हैं। पुस्तक की रचनाएँ अपनी विषय वस्तु का सजीव दृश्य उत्पन्न कर देती हैं।

कविताएं अत्यन्त सरल और सहज भाषा शैली में लिखी गई हैं। कठिन शब्द जाल और दुरूह वाक्य विन्यास से मुक्त हैं। अपनी सरलता के कारण इस रचना की कविताएं बालको के लिए भी उपयोगी और ज्ञानवर्धक हैं।

पुस्तक का कोई उल्लेखनीय दुर्बल पक्ष नहीं है परन्तु अक्षरों का आकार मुझे छोटा लगा। पुस्तक के लिए आई एस बी एन भी प्राप्त किया जाता तो बेहतर होता।

पुस्तक में हर पृष्ठ पर कविता के अनुसार रंगीन चित्र छपे हैं जो अभिनव और आकर्षक हैं। इन्हें देखते हुए पुस्तक अत्यन्त रोचक हो जाती है। मुझे यह कृति सार्थक लगी इसके लिए श्री नवनीत कुमार जी को बधाई।

समीक्षक —
इ० हेमन्त कुमार,
ग्राम फीना जनपद बिजनौर
साहित्य संवर्धन हेतु
उत्तर प्रदेश हिंदी संस्थान से पुरस्कृत

केसर के फूलः नवनीत कुमार

हाल ही में मुझे 'केसर के फूल' नामक पुस्तक पढ़ने का अवसर मिला। यह श्री नवनीत कुमार द्वारा लिखी गई कविताओं का संग्रह है। इसमें प्रकृति से जुड़े विषयों और सामाजिक सरोकारों के साथ–साथ व्यंग्यात्मक शैली में कुल 61 कविताएं लिखी गई हैं। श्री नवनीत कुमार की लिखी यह दूसरी पुस्तक है। इसमें ज्यादातर कविताएं जन–जीवन और रोजमर्रा की जिंदगी से संबंधित हैं।

इन कविताओं की भाषा शैली में गूढता या जटिलता बिल्कुल नहीं है। कविताएं एकदम सरलता से समझ आ जाती हैं। इन्हें पढ़ते समय लय खुद बनती जाती है। प्रवाह भी अच्छा है। शायद यही वजह रही कि इस पुस्तक की कई पंक्तियां पुस्तक पढ़ने के बाद भी मस्तिष्क में प्रवाहित होती रहीं।

इस पुस्तक की प्रिंटिंग, प्रस्तुति, डिजाइन, पृष्ठ विन्यास आदि बहुत आकर्षक है। हर कविता के साथ उसकी विषय वस्तु को पोषित करते हुए चित्र भी लगाए गए हैं जोकि विशेष ध्यानाकर्षण करते हैं। निश्चित रूप से यह प्रयोग बच्चों के लिए विशेषकर रुचिपूर्ण होगा।

इस पुस्तक की कविताओं को लेखक ने बहुत मनोयोग से लिखा है। विविध विषयों पर विमर्श करती इन रचनाओं को काव्य रूपी फूलों का सुंदर गुलदस्ता कहा जाय तो गलत न होगा। पुस्तक में आई० एस० बी० एन० का अभाव लगा। वर्तमान में कोई प्रकाशन इसके बिना पांडुलिपि की श्रेणी से निकल कर पुस्तक की कोटि में नहीं आ पाता।

लेखक ने इस पुस्तक को अपनी संतुष्टि और शौक के लिए लिखा परन्तु यह कृति मनन कर लिखी गई उपयोगी और सार्थक रचना है। इसके लिए लेखक श्री नवनीत कुमार जी को बहुत बहुत बधाई। आपकी सृजन यात्रा इसी प्रकार आगे बढ़ती रहे।

समीक्षक –
इ० हेमन्त कुमार,
ग्राम फीना जनपद बिजनौर
साहित्य संवर्धन हेतु
उत्तर प्रदेश हिंदी संस्थान से पुरस्कृत

नवनीत कुमार घनी संवेदना और सूक्ष्म अन्तर्दृष्टि के कवि हैं। सृष्टि, समाज और जीवन के विभिन्न आयाम, चाँद, तारे, सूरज, प्रकृति, पंछी, गर्मी, सर्दी, बरसात, मधुमास उनकी कविताओं में समाए हुए हैं।

वे अपने आस—पास घटने वाली हर छोटी—बड़ी घटना को ध्यान से देखते हैं और आने वाले समय में एक दिन वह उनकी कविता के केन्द्र में होती है। उन्होंने लगभम सभी विषयों — तीज—त्योहार, नदी, सागर, वृक्ष, बच्चे, प्रेम, मिलन, विछोह, गरीबी, सभी पर कलम चलाई है। उनकी कविताओं के विषय जमीन से आसमां तक पसरे हुए हैं। सहज, सुबोध और प्रवाहपूर्ण भाषा व विषयानुरूप शैली उनकी पहचान है। उनकी कविताएँ अपनी रोचकता, और मृदुलता की वजह से पाठक को अन्त तक बाँध कर रखने की विशिष्टता की धनी हैं, इसलिए मनभावन और लोकप्रिय हैं। उनकी यह गुणवत्ता सदा बनी रहे!! आमीन......!

डा. दीप्ति गुप्ता
पूर्व प्रोफेसर एवं शिक्षा सलाहकार,
मानव संसाधन विकास मंत्रालय, नई दिल्ली

रोचक है वैज्ञानविद नवनीत कुमार का कविता संग्रह "बांसती पल"

बिजनौर के रहने वाले गुरूग्राम में जा बसे नवनीत कुमार का कविता संग्रह "बांसती पल" पाकर मैं आश्चर्य चकित रह गया। आश्चर्य इसलिए हुआ कि मैं नवनीत कुमार और उनके परिवार को अच्छी तरह जानता हूं। नवनीत जी के पिता स्वर्गीय चैतन्य स्वरूप गुप्ता जाने—माने शिक्षाविद थे। वे बिजनौर के प्रसिद्ध राजा ज्वाला प्रसाद इंटर काँलेज के लंबे समय तक प्रधानाचार्य रहे। नवनीत विज्ञान के छात्र रहे। एक विज्ञान के विशेषज्ञ का लिखा कविता संग्रह पाकर आश्चर्य हुआ। सोचने लगा एक विज्ञानविद का कविता और साहित्य से क्या वास्ता? पर जब बांसती पल खोलकर पढ़नी शुरू की तो पढ़ता चला गया। एक सीटिंग में ही पूरी पुस्तक पढ़ डाली।

बासंती पल का प्रिंटिंग जितना सुंदर हैं, उतनी ही सुंदर और भावपूर्ण रचनांए भी। कविताओं में अलग तरह के उपमान लिए गए हैं। जो पुस्तक के समाप्त होने तक पाठक को अपने से बांधे रखते हैं। ये अलग से प्रतीक कविताओं में रोचकता बनाए रखते हैं।

कवितांए वर्णात्मक के साथ चित्रात्मक भी हैं। लेखक जो लिखता है, उसे पढ़ते समय ऐसा लगता है कि लेखक पुस्तक के पन्ने पर कविता में चित्र उतार रहा हो। नवनीत जी की कवितांए छोटी हैं।लंबी होकर वे बोझिल नही होतीं। कविता के साथ ही कविता से संबंधित चित्र भी पुस्तक में दिये गए हैं, ये पाठ्य विषय का और रूचिकर बनाते हैं।

समीक्षक —
अशोक मधुप
वरिष्ठ पत्रकार
ashokmadhup@gmail-com

Ashok Grover
Oh oho oho mujhe mera bhi bachpan aankho ke samne la diya. 

12w   Like   Reply   See translation

S.P. Chauhan
आपने तो अपनी poem में Tourism की modern concepts (Rural & Agro Tourism) जो की आजकल काफ़ी लोकप्रिय हो रही है की ओर इशारा किया है. इसलिए कहावत है की जहाँ ना पहुंचे रवि वहां पहुंचे कवि.
मैं आपको बिजनौर में Agro Tourism के under process Projects की संक्षिप्त जानकारी भेज रहा हूँ

Rahul Sharma
Heart touching lines....

12w   Like   Reply   

Mukesh Sahu
सर शब्दों के जादूगर हैं आप 🙏

13w   Like   Reply   See translation   

Karamjeet Singh
ये अपने गाँव ,खेत खलियान बैल, बैलगाड़ी ,गाँव का कुंआँ ,कुएँ से पानी की गगरी भर कर लाती पनिहारिन गाँव की चौपाल में बैठे हुक्का गुड़गुड़ाते किसान , इस आधुनिक युग जैसे ये सब कुछ लुप्त सा ही हो गया है ।
हमेशा ही तरह बहुत सुन्दर कविता लिखी है नवनीत भाई ।तुम्हारी कलम के माध्यम से ही सही दोस्त जो चीजें लुप्त सी हो गई है उनकी झलक आँखों के सामने जिंदा हो कर खड़ी हो जाती है ।
लगे रहो भाई बहुत अच्छा कर रहे हो 💜🙏💜

15w   Like   Reply   See translation   

ArshadNajeeb Azmi
अनुप्रासअलंकार की अनोखी छटा के लिए शुभकामनाएं ।

15w   Like   Reply   See translation

Rajkumar Gupta
Navneetji Aap Apne Lekhan m Jivan ki Sachhai ki chap chod Dete ho

15w   Like   Reply   See translation   

Dalip Tawakley
Climate change ke asar ko bahut hi khoobsoorti se bataya hai in chaar panktiyon mei.

16w   Like   Reply   See translation   

प्रशान्त महर्षि · Follow
गणपति बप्पा मोरिया !! काका हाथरसी की याद दिला दी

27w   Like   Reply   See translation